Knigge für Katzen

«Es ist äußerst schwierig,
höflich zu sein,
wenn man eine Katze ist.»
Anonym

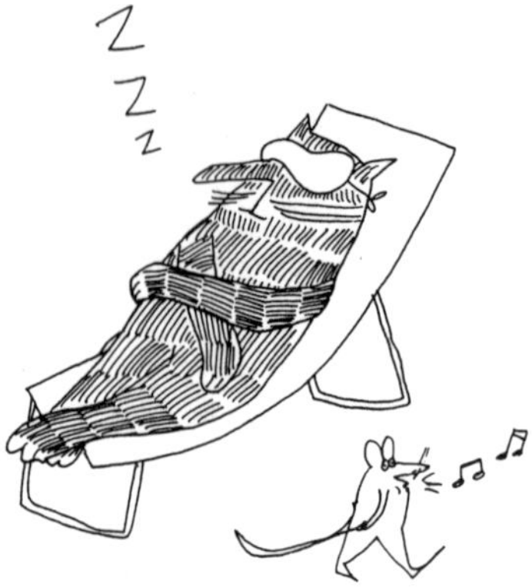
ZZz

Für meine Mutter und ihre Bauernkatze
Tammy Lee,
die dieses Buch unbedingt lesen sollte.

Die Originalausgabe erschien unter dem Titel
«Etiquette For Cats» bei Michael Joseph,
Penguin Group, London

Erste Auflage Februar 2000

Einbandgestaltung: Franziska Muster, Bern,
unter Verwendung zweier Zeichnungen
von Detlef Beck, Berlin

MELISSA MILLER

KNIGGE FÜR KATZEN

Übersetzt aus dem Englischen
von Chantal Frey

Mit Illustrationen
von Detlef Beck

SCHERZ

Inhalt

Hinweis für Katzenbesitzer

Sie halten hier gerade das Buch Ihrer Katze in der Hand und denken vielleicht, dass *Knigge für Katzen* der falsche Titel ist, weil für Sie die Wörter «Knigge» und «Katzen» nicht zusammenpassen.

Für die meisten Katzenbesitzer bedeutet wahrscheinlich das Wort «Knigge» vor allem gutes Benehmen, Höflichkeit und Aufmerksamkeit anderen gegenüber. Alle diese Begriffe kommen einem nicht unbedingt in den Sinn, wenn man das Verhalten von Katzen betrachtet. Viele Katzenliebhaber neigen zu der Ansicht, dass Katzen einen viel zu freien Geist haben und zu eigensinnig sind, als dass sie im menschlichen Sinne als «gut erzogen» bezeichnet werden könnten. Im *Deutschen Universal Wörterbuch* steht unter «Knigge»: «Nach der Sammlung von Verhaltensregeln für den täglichen Gebrauch ‹Über den Umgang mit Menschen› des deutschen Schriftstellers A. Freiherr von Knigge (1752–1796): Buch mit Verhaltensregeln in einem bestimmten Bereich: Ein Knigge für Studenten, Knigge für

Wohnungssuchende.» Warum also nicht auch ein Knigge für Katzen?

Katzen können liebevoll und zärtlich sein, und weil sie feinfühlige Wesen sind, auch rücksichtsvoll und durchaus imstande, sich «gut zu benehmen» – wie Katzenbesitzer es ausdrücken würden –, zum Beispiel wenn sie das Katzenkistchen benutzen oder sich an ihre Besitzer schmiegen, wenn es diesen nicht gut geht.

Aber Katzen finden auch andere Verhaltensmuster durchaus angemessen und richtig: zum Beispiel wenn sie sich angewidert abwenden, weil sie von «Ente und Gans mit Geflügelleberhäppchen in Gelee» nun wirklich genug haben, oder wenn sie sich weigern, wegen eines albernen neuen Katzenspielzeugs Dankbarkeit zu mimen oder auf Kommando Zuneigung zu zeigen.

Die Umgangsformen der Katzen unterscheiden sich deshalb in einem wesentlichen Punkt von denjenigen der Menschen: Sie beinhalten eine große Auswahl oft gegensätzlicher Verhaltensregeln, von denen die Katzen je nach Situation und persönlicher Vorliebe eine herausgreifen – ganz anders als ihre Menschen, die innerhalb eines viel enger definierten Verhaltenskodexes funktionieren und sich oft verpflichtet fühlen, höflich zu sein, ob sie wollen oder nicht.

Die in diesem Buch beschriebenen Umgangsformen geben also lediglich Hinweise darauf, wie sich Katzen im Allgemeinen in verschiedenen Situationen verhalten können. Katzenbesitzer sollten aber daran denken, dass nicht alle dieser Beschreibungen immer auch auf ihre Katze zutreffen und dass die einzige feste Regel lautet: Verhaltensmuster können sich ändern, und zwar überraschend schnell, häufig und ohne Vorwarnung, je nach Lust und Laune Ihrer Katze.

Zur Erbauung der Katzenliebhaber, die dieses Buch ihrer Katze ebenfalls lesen wollen, sind Zitate und Anekdoten in den Text eingestreut, welche die Nuancen des eigenwilligen Verhaltens von Katzen illustrieren.

Einleitung

Es ist sehr nützlich, über gutes Benehmen und passende Umgangsformen Bescheid zu wissen. Sie gelten nicht nur als Zeichen guter Erziehung, sondern sie spielen auch eine wichtige Rolle in deinem Streben nach einem möglichst glücklichen, bequemen und sorgenfreien Katzenleben. Dieses Buch ist ein Ratgeber über richtiges Benehmen in der Katzenwelt. Es gibt Tipps für das passende Verhalten in verschiedenen Bereichen, insbesondere in Situationen, die ausgesprochen unangenehm oder schwierig zu bewältigen sind.

Einige der wichtigsten Themen, die hier behandelt werden, haben – direkt oder indirekt – mit Herrchen oder Frauchen zu tun. So verständnisvoll er oder sie auch immer sein mag, ihre Geduld hat doch gewisse Grenzen, die du nicht allzu oft überschreiten solltest. Es lohnt sich deshalb, sich diejenigen Punkte zu merken, welche mehr als andere zu Schwierigkeiten führen können. Diese findest du im Kapitel «Grundlegende Umgangsformen» auf Seite 13. Die allerwichtigste Verhaltensregel überhaupt, die du nie vergessen solltest, lautet jedoch: «Charmant sein ist alles». Näheres ist nachzulesen auf Seite 93.

Die in diesem Buch vorgestellten Umgangsformen für Katzen sind natürlich nicht zwingend. Es sind lediglich Vorschläge, die dir zeigen sollen, wie du dich in bestimmten Situationen verhalten kannst, aber keineswegs, wie du dich unbedingt verhalten musst. Ein Buch über obligatorische Verhaltensregeln für Katzen wäre vollkommen unsinnig; es liegt in deiner Verantwortung als Katze – und ist auch dein Recht –, deine eigenen Verhaltensregeln aufzustellen. Diese hängen von deiner eigenen Persönlichkeit, deiner Umgebung und vom Typ des Menschen ab, mit dem du klarkommen musst. Alle diese Faktoren beeinflussen dein Verhalten und demnach auch deine Umgangsformen. Ich hoffe, dass dieses Buch dir helfen wird, deine ganz persönlichen Verhaltensregeln aufzustellen oder diese neu zu definieren.

> Mit gutem Benehmen meinen wir immer
> unser eigenes.
>
> G. K. Chesterton

Anmerkung: Mit den im Text verwendeten Bezeichnungen «die Besitzerin» oder «Frauchen» sind selbstverständlich auch immer «der Besitzer» oder «Herrchen» und umgekehrt gemeint.

Und wo «die Katze» erwähnt wird, ist natürlich immer auch «der Kater» mit eingeschlossen.

Grundlegende Umgangsformen

Auch wenn es für Katzen keine zwingenden Verhaltensregeln gibt, dient dieses kurze Einführungskapitel doch zur Beleuchtung jener Bereiche der Umgangsformen, welche ich dir sehr ans Herz legen möchte.

Es ist nicht sonderlich schwierig, sich die nachfolgend aufgeführten Punkte anzueignen, aber du solltest trotzdem darauf achten, dass keiner dieser Punkte zur Gewohnheit wird. Nur so gelingt es dir, dein Frauchen bei Laune zu halten, was, wie du ja weißt, sowieso in deinem ureigenen Interesse ist.

Wie du die Geduld deines Menschen testest

Es mag unterhaltsam und lustig für dich sein, deinen Menschen zu reizen, doch seine Geduld hat zweifellos Grenzen, und die solltest du respektieren. Versuch also zu vermeiden, einer der folgenden Aktivitäten allzu häufig nachzugehen:

- Du weigerst dich, dein Kistchen zu benutzen und wählst stattdessen den Teppich oder ein Möbelstück
- du lässt deine tote oder halbtote Beute im Haus herumliegen
- du miaust unablässig ohne Grund
- du weckst grundlos deine Menschen
- du beißt, kratzt oder verletzt deinen Besitzer aus unerklärlichen Gründen
- du trittst absichtlich in den Müll und verteilst ihn dann im ganzen Haus
- du ruinierst die Vorhänge oder andere textile Einrichtungsgegenstände mit deinen Krallen
- du fegst mitten in der Nacht mit Getöse durch die Wohnung

Es gibt bestimmt noch andere Punkte, die dieser Liste hinzugefügt werden könnten.
Achte darauf, was deinen Besitzer am meisten stört und wie viel du dir deiner Meinung nach noch erlauben kannst. Strapaziere diese Grenzen nicht allzu oft, und wenn du es tust, vergiss nie, darauf eine große Portion Katzen-Charme folgen zu lassen.

SO BLEIBST DU FASZINIEREND UND GEHEIMNISVOLL

Katzen erkennen die Gefühle und nonverbalen Äußerungen ihres Besitzers im Allgemeinen sehr gut. Menschen neigen dazu, sehr gefühlsbetont zu sein, und selbst wenn sie ihre Gefühle einmal verstecken wollen, verrät sie meist ihr Gesichtsausdruck oder ihre Körpersprache. Katzen können dies zu ihrem Vorteil nutzen; denn wenn man weiß, was ein Besitzer denkt, fühlt oder plant, kann man entsprechend reagieren.

Für Menschen ist es hingegen schon immer schwieriger gewesen, ihre Katze zu verstehen, was natürlich im Sinn der Katze und eine der Grundregeln in der Beziehung zwischen Katze und ihrem Mensch ist.

Jede Katze, die weiß, was sich gehört, wird

ihrem Ruf gerecht, Katzen seien geheimnisvolle und bezaubernde Tiere. Zwar ist es wichtig, dass du deine Gedanken und Gefühle wirkungsvoll ausdrücken kannst, wenn du dazu in Stimmung bist, doch ist es mindestens ebenso wichtig, deine Gefühle nicht immer zu zeigen. Sonst besteht die Gefahr, dass du deine geheimnisvolle Ausstrahlung verlierst, leicht durchschaubar und sogar (Gott bewahre!) langweilig wirst.

Auch wenn viele von euch ganz automatisch eine geheimnisvolle Faszination ausstrahlen, sollten folgende Punkte nicht vergessen werden:

- Sei nie übermäßig mitteilsam, gefühlvoll oder allzu dramatisch
- ändere öfter deine Meinung
- spiel häufig die Unzufriedene
- behalte die meisten deiner Gedanken für dich
- sei nie zu freundlich zu einer neuen Bekanntschaft
- spar dein bedeutungsvollstes Miauen, Knurren und Fauchen für Notfälle oder andere wichtige Momente auf
- sitz von Zeit zu Zeit ganz still, und starr vor dich hin ins Nichts, als ob du über ein schwieriges und bedeutungsvolles Thema nachsinnen würdest (z. B. darüber, was du gerne zum Abendessen hättest)

Katzen lieben einen so sehr – mehr, als sie je zugeben würden. Doch klug wie sie sind, behalten sie das für sich.

MARY E. WILKINS FREEMAN

Gesellschaftliche Umgangsformen

Das Problem mit Katzen ist, dass sie keinerlei Taktgefühl haben.

P. G. Wodehouse

VOM UMGANG MIT GÄSTEN

Es ist nicht nötig, Gäste, die zu dir nach Hause kommen, herzlich zu begrüßen, oder sie überhaupt zu grüßen.

Allerdings möchtest du vielleicht bestimmte Gäste speziell begrüßen, wie zum Beispiel:

Den Katzen-Narr

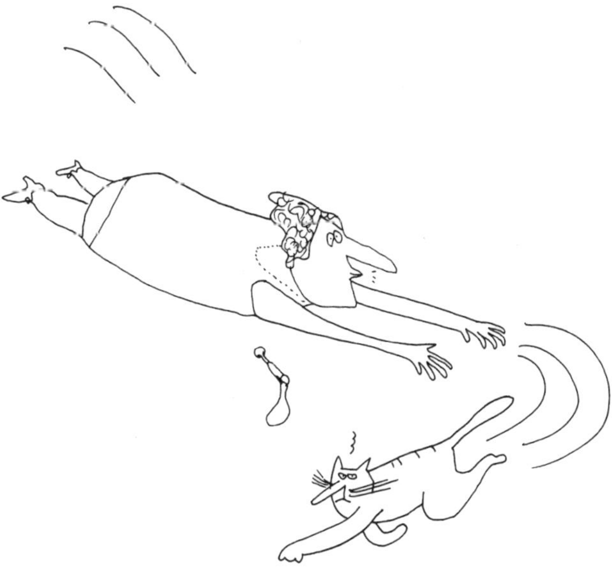

Den Katzen-Allergiker

Und ganz besonders:
Den Katzen-Hasser

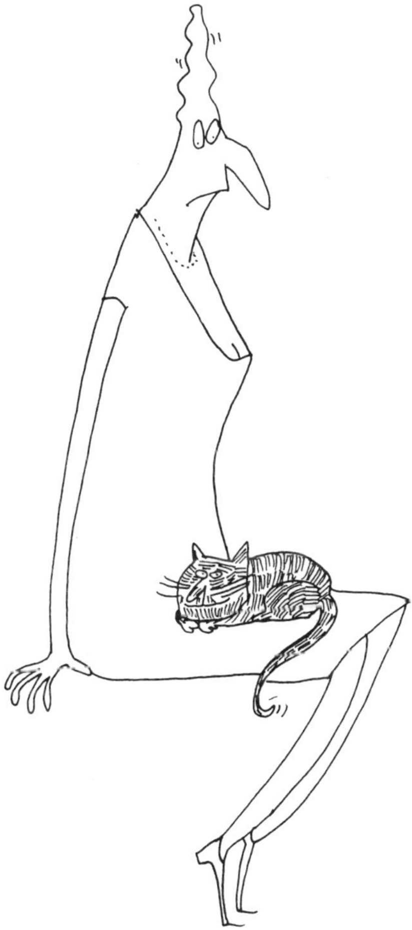

Katzen merken immer, ob die Leute sie mögen oder nicht. Da es ihnen aber meistens gleichgültig ist, kümmern sie sich nicht darum.

WINIFRED CARRIERE

HAUSPARTYS

Wenn dein Herrchen eine Party schmeißt, sollst auch du deinen Spaß daran haben. Misch dich ungeniert unter die Gäste, falls dir nach Gesellschaft zumute ist. Oder lass dich mitten im Zimmer niederplumpsen, und du hast die besten Chancen, dass man dir über den Rücken streicht oder den Bauch krault.

Willst du dich zurückziehen, dann nimm Besitz von deinem Lieblingssessel und verteidige ihn gegen jeden, der so unsensibel ist und es wagt, dich zu vertreiben.

Vergiss nicht, alle Blumensträuße zu untersuchen, die zur Party mitgebracht wurden, um festzustellen, ob sie deinem Geschmack entsprechen.

Partys sind auch ein idealer Anlass, wieder einmal deine Klauen an den Vorhängen oder Möbeln zu wetzen, da dein Herrchen sicher zu beschäftigt ist, um es überhaupt zu bemerken.

Wenn das Essen serviert wird, halte Ausschau nach Gästen, die eine zweite Portion nehmen, oder besser noch nach jenen, die darauf verzichten!

Vergiss vor allem nicht, dass die meisten gelungenen Partys in der Küche enden. Trag also deinen Teil dazu bei, sie schön sauber zu halten.

Wenn die Gäste dann langsam aufbrechen, brauchst du dich nicht von ihnen zu verabschieden, hingegen darfst du ruhig erwarten, dass sie dir auf Wiedersehen sagen.

Ob du die Gäste nun hinausbegleitest oder nicht, achte darauf, dass sie eine bleibende Erinnerung an dich mitnehmen.

NACHBARN

Die Katze ist eine Dilettantin im Pelz.

THEOPHILE GAUTIER

Nachbarn können eine Quelle endlosen Vergnügens sein. Da sie nicht annähernd so wichtig für dich sind wie dein persönlicher Dosenöffner, kannst du sie regelrecht terrorisieren oder nach Strich und Faden ausnutzen. Du darfst keine Anstrengung scheuen, um in das Haus deiner Nachbarn zu gelangen und dich ihnen vorzustellen – notfalls kletterst du über Zäune. So kannst du abschätzen, ob deine Nachbarn «katzenfreundlich» sind oder nicht und dich ihnen gegenüber entsprechend verhalten.

Katzenfreundliche Nachbarn

Wenn du Glück hast und deine Nachbarn Katzen mögen, lass ganz einfach deinen Charme spielen für:

- eine Extraportion Katzenfutter
- eine Abweichung von deinem Menüplan, wenn dieser dir nicht passt
- einen kleinen Tapetenwechsel
- die Möglichkeit, über Nacht zu bleiben

Katzenfeindliche Nachbarn

Wenn deine Nachbarn sich standhaft weigern einzusehen, wie wunderbar und wertvoll Katzen doch sind, bleibt dir nichts anderes übrig, als sie dafür ordentlich zu ärgern. Folgende Methoden eignen sich besonders gut:

- Du gräbst Löcher in ihren Garten
- du benutzt ihren Garten als dein bevorzugtes Kistchen
- du miaust mitten in der Nacht laut und ausdauernd unter ihrem Schlafzimmerfenster
- du deponierst tote Nagetiere vor ihrer Haustür (oder wenn möglich im Haus)
- du reißt ihre Abfallsäcke, die zum Abholen bereitstehen, auf
- du zertrampelst ihre Blumenbeete
- du starrst sie aus sicherer Distanz bedrohlich an
- du kämpfst mit ihrem Haustier, sei es ein Hund oder eine Katze
- du frisst das Futter ihrer Haustiere
- du frisst ihr eigenes Essen
- du trittst regelmäßig in Erscheinung, wenn sie Gäste haben

Der Lieblingsstreich von Bruce besteht darin, uns Geschenke aus Nachbarhäusern heimzubringen. Er hat uns bereits einen großen Rouge-Pinsel, einen Wattebausch, ein flauschiges Kinderspielzeug und einen Pedigree Hundekuchen gebracht. Dabei scheint er pinkfarbene Dinge zu bevorzugen.

JULIE KING

UNANGENEHME MOMENTE

Von Zeit zu Zeit kann es passieren, dass du dich in einer bestimmten gesellschaftlichen Situation nicht wohl fühlst. Vielleicht macht dich deine Umgebung nervös; du wirst zum Beispiel von jemandem überrumpelt oder erschreckt, du bist eifersüchtig, weil ein anderes Tier oder eine andere Person die Aufmerksamkeit bekommt, die eigentlich du verdienst, oder du fühlst dich ganz einfach übergangen.

In solch unangenehmen Momenten ist es das Beste, entweder wegzulaufen und dich zu verstecken, bis die Dinge sich eingerenkt haben, oder du unterziehst dich auf der Stelle einer sorgfältigen Reinigung.

Improvisiertes Waschen flößt Vertrauen ein und verleiht dir eine gewisse Distanz der betreffenden Situation gegenüber.

Hast du irgendetwas angestellt und jemand schilt
dich – wasch dich schnell. Erschreckt dich ein
Geräusch, so dass du entsetzt aufspringst,
fang sofort an, dich zu waschen. Bist du gerade
unterwegs und weißt plötzlich nicht mehr,
wohin du eigentlich wolltest, setz dich ein
Weilchen hin und mach dich etwas frisch. Dann

wird es dir schon wieder einfallen. In welcher Situation und welcher Schwierigkeit du dich auch befinden magst, du kannst nicht fehlgehen, wenn du dich wäschst.

JENNIE
eine herumstreunenende Londoner Tigerkatze
(aufgezeichnet von Paul Gallico)

ANDERE KATZEN

Freundschaften schließen

Katzen freunden sich nicht mit jedem x-Beliebigen an. Diejenigen Katzen, mit denen du dich anfreunden willst – falls es solche gibt –, sollten sorgfältig ausgewählt sein und sich selbstverständlich deiner Freundschaft würdig erweisen. In der Regel hast du einen speziellen Grund, eine Katze als Freundin oder Freund zu akzeptieren: Sie oder er lebt zum Beispiel im selben Haus wie du oder ist als junges Kätzchen ins Haus gekommen und ist für dich wie eine jüngere Schwester oder ein jüngerer Bruder. Sie oder er kann aber auch in der Nähe wohnen und einen Spielgefährten suchen, immer für ein wenig Klatsch zu haben sein, oder es macht einfach Spaß, mit ihr oder ihm zusammen zu sein. Ob aus dem einen oder anderen Grund – vorausgesetzt, die andere Katze möchte sich auch mit dir anfreunden –, ein paar wenige enge Freundschaften sind vielen oberflächlichen Bekanntschaften auf jeden Fall vorzuziehen.

Lass dir Zeit. Sei wählerisch.

Revier

Jede Katze hat ihr eigenes Gebiet, das sie für sich beansprucht und das streng bewacht werden muss. Andere Katzen, Hunde und sonstige Tiere, die unabsichtlich das Revier einer Katze betreten, tun dies auf eigene Gefahr.

Dein Revier umfasst wahrscheinlich nicht nur das Haus oder die Wohnung, in der du wohnst, sondern auch den ganzen Garten, die Veranda oder was sonst zum Besitz deines Frauchens oder Herrchens gehört. Es muss jedoch nicht unbedingt dort enden. Wenn nicht bereits ein Anspruch auf den Garten nebenan besteht, kannst du dein Revier dorthin ausdehnen. Du musst nur sofort die anderen Katzen in der Nachbarschaft entsprechend orientieren. Falls du zur aggressiven Sorte gehörst, gelingt es dir vielleicht sogar, ein weiteres Gebiet dazuzugewinnen, indem du eine andere Katze im Kampf um ihr Revier besiegst.

Du darfst jedoch nicht vergessen, dass auch dein Revier verteidigt werden muss, und dafür kann dir praktisch jedes Mittel recht sein. Es spielt keine Rolle, welcher Typ du bist, ob aggressiv oder zurückhaltend, ob gemein oder liebenswürdig, mit Sicherheit werden irgendwann in deinem Leben andere Katzen versuchen, sich dein Gebiet anzueignen. Und dafür musst du gewappnet sein. Um eine unwillkommene Katze auf Raubzug abzuwehren, genügt es für gewöhnlich, wenn du fauchst, knurrst, den Buckel machst und ihr mit der Pfote eins überziehst. Es gibt aber auch Katzen, die ein bisschen nachhaltiger überzeugt werden müssen ...

Ich habe ziemlichen Ärger mit einer Nachbarin, einer frechen Katze namens Violet. Sie ist sehr schlank und beweglich und schlüpft manchmal durch die unzugänglichsten Fenster in mein Haus. Dort geht sie zielstrebig zu meinem Futternapf. Ich bin nicht gerade erfreut über dieses Verhalten, und meine Besitzer auch nicht. Sie nennen sie Teufels-Katze, da sie schräge Augen hat, die ihr ein bösartiges Aussehen verleihen. Ich fürchte, es dauert wohl noch eine Weile, bis auch sie gemerkt hat, dass ihre Anwesenheit in meinem Haus unerwünscht ist.

MINOU

(aufgezeichnet von ihrer Besitzerin, Vera Magne)

Streifzüge

In manchen Nächten, in denen dir deine Menschen erlauben, draußen zu bleiben, magst du das Bedürfnis verspüren, die Gegend zu erkunden. Vielleicht bist du in Stimmung für eine freundschaftliche Balgerei oder für ein ausgiebiges Plauderstündchen, für eine kleine Romanze oder für ein Abenteuer, vielleicht möchtest du auf Entdeckungsreise gehen oder eine nächtliche Jagd veranstalten. Herumstreifen ist ein vielfältiges Unternehmen, auf das sich Katzen instinktiv gut verstehen. Deshalb ist die Verhaltensregel dafür klar und einfach:

Misch dich nie in den Streifzug einer anderen Katze ein, es sei denn, du wirst ausdrücklich dazu aufgefordert.

Romanzen

Wenn du das Glück hast, nachts auf eine Katze zu treffen, die dir nicht schlecht gefällt, bist du vielleicht froh um folgende Tipps:

- Nach einer leidenschaftlichen Liebesnacht bist du nicht verpflichtet, deine Partnerin oder deinen Partner wieder zu sehen, es sei denn, du wünschst dies ausdrücklich

- Kater können mehr als eine Partnerin pro Nacht haben – so was gilt als besonders männlich
- Weibchen hingegen sind dazu da, die jungen Kätzchen aufzuziehen, die aus einer solchen Begegnung entstehen können

HUNDE

Ein Hund ist simple Prosa,
eine Katze wahre Poesie.

JEAN BURDEN

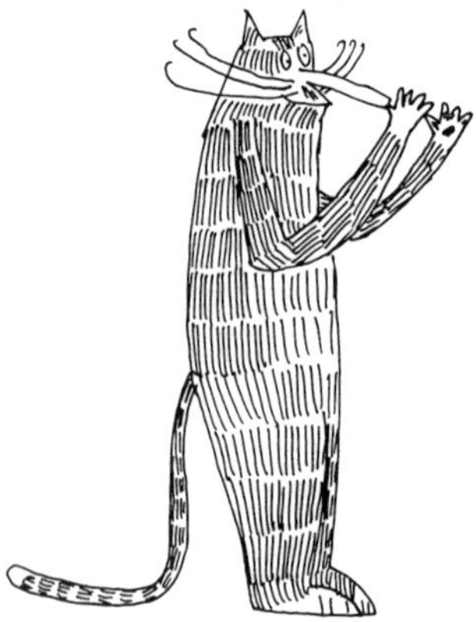

Manchmal ist es notwendig, Hunde daran zu erinnern, dass Katzen höhere Wesen sind.

Tiddles lag ausgestreckt vor der Haustür und hielt ihre Siesta (wozu alle Katzen ab einem gewissen Alter berechtigt sind), als eine Nachbarin mit Muffin, ihrem stämmigen kleinen Scotchterrier, der traditionsgemäß allen Katzen gegenüber feindlich gesinnt ist, vorbeispazierte. Er zwängte seine Schnauze durch das Gartentor und kläffte wütend drauflos. Tiddles gähnte und streckte sich, stolzierte dann gemächlich zum Tor und verpasste dem Hund einen scharfen Doppelhieb auf die Nase. Der Hund jaulte auf, und seine Besitzerin ging schnell weiter, das kostbare Tierchen an ihrer Seite.

Natürlich gab sich Tiddles nicht mit einem so leichten Sieg zufrieden und hielt eine zusätzliche Warnung für angebracht: Sie quetschte sich durch die Stäbe des Gartentors und folgte ihrem Opfer, so schnell es ihre 17 Jahre alten Glieder zuließen. Unsere Nachbarin streckte das Bein aus, um ihren Hund zu schützen, und fing sich dabei – als Lohn für ihre Mühe – Laufmaschen in den Strümpfen und ein zerkratztes Schienbein ein. Dann zerrte sie den Hund in aller Eile in den Schutz ihres eigenen Gartens. Wir waren uns einig, das Tor zwischen unserem Garten und dem unserer Nachbarin mit Brettern zu vernageln, damit die Tiere einander nicht sehen können. Muffin wird nun auf die gegenüberliegende Straßenseite geführt, ehe er an unserem Haus vorbeikommt. Trotzdem sitzt Tiddles zu den «Gassi»-Zeiten am Tor – nur so, für alle Fälle.

BETTY HILL

Freundschaft mit Hunden

Obwohl von einer Freundschaft mit Hunden grundsätzlich abzuraten ist, triffst du vielleicht einmal einen Hund oder bist dazu gezwungen, mit einem zusammenzuleben, der eigentlich ganz in Ordnung ist. Er ist vielleicht nicht so klug wie du und mag seltsame Angewohnheiten haben, doch könnte er sich zu einem Verbündeten, einem guten Spielkameraden oder zu einem treuen Gefährten entwickeln. Vergiss dabei aber nicht, dass:

- die meisten Hunde zügellos sind in ihren Freundschaftsbekundungen
- fast immer die Katze entscheidet, ob sie einen Hund zum Freund will oder nicht
- du dir alle Zeit nehmen kannst, die du brauchst, bevor du dich für eine engere Bindung entschließt

All jene Hunde, mit denen du dich nicht anfreunden willst, ignorierst du am besten.

Daisy war ein echter Prüfstein für unsere Hunde. Trixie, der Spaniel, war zehn, als Daisy zu uns kam, und die Hündin war unglaublich wohlwollend und geduldig ihr gegenüber. Für Daisy war Trixie etwas zwischen einer Ersatzmutter und einem Allzweck-Spielzeug; so tänzelte sie zum Beispiel auf Trixies Ohren herum, als wären diese ein Turngerät. Doch die beiden mochten einander und waren ein gutes Team: Die Katze tötete die Vögel und der Hund fraß sie. Als Trixie starb, vermisste Daisy sie sehr und trauerte richtiggehend um sie.

SALLY BRAY

GESCHENKE

... die du machst

Geschenke sollten deinem Frauchen persönlich überreicht oder an einen Ort gelegt werden, wo man sie nicht übersehen kann.

... die du bekommst

Die meisten Katzenspielsachen sind äußerst langweilig und blöd. Wenn du solche geschenkt bekommst, brauchst du weder Interesse noch Dankbarkeit zu heucheln.

... die du nicht bekommst

Selbst wenn es äußerst höflich ist zu warten, bis man dir etwas schenkt – wenn jemand nicht merkt, dass du etwas wirklich haben möchtest, darfst du es auch stehlen.

In den Augen von Katzen gehören
alle Dinge den Katzen.

ENGLISCHES SPRICHWORT

Umgangsformen beim Essen

Fragen Sie eine hungrige Katze nie, ob sie Sie nur um Ihretwillen liebt.

Dr. Louis J. Camuti

DEINE MAHLZEITEN

Ganz gleich, wie oft du am Tag gefüttert wirst, deine Mahlzeiten sind klar eines der Dinge, auf die du dich am meisten freust. Fast alle Katzen ziehen es vor, alleine zu essen, aber auch dann gilt es, sich an gewisse Umgangsformen zu halten.

Es ist zum Beispiel unhöflich, dein Essen auf dem Fußboden zu verzehren, wenn ein Schüsselchen dafür zur Verfügung steht. Ein solches Benehmen ist schlampig und rücksichtslos, und du bist darauf angewiesen, dass dein Herrchen alles sauber aufwischt, bevor du deine nächste Mahlzeit bekommst. Wasser und Milch sollten vorsichtig (damit nichts verschüttet wird) und manierlich (um auch hier Eleganz zu wahren) in kleinen Schlückchen getrunken werden.

Iss langsam. Schling das Essen nie hinunter und schlürfe, grunze, huste oder sabbere auch nicht während des Essens. (Denk dran, wie unattraktiv Hunde beim Essen aussehen.)

Wenn du gleichzeitig mit anderen Katzen oder Hunden gefüttert wirst, brauchst du mit Essen nicht zu warten, bis jeder Einzelne bedient ist.

Du brauchst deinem Dosenöffner nicht zu danken, bloß weil er dich gefüttert hat.

Auch nicht bei Vorzugsbehandlungen.

Ein Lieblingsessen wie zum Beispiel eine Hand voll rohes Rindsgehacktes gemischt mit ein paar KiteKat-Kuchen erntet gewöhnlich ein Dankeschön. Bei jeder Speise aber, die den Ansprüchen nicht genügt, wird ein ganz anderer Ton angeschlagen, gefolgt von einem unmissverständlichen Funkeln in den Augen und einem resoluten Abgang. Unser Schlaumeier weiß sogar, wie er die Katzenklappe hinter sich zuknallen lassen muss, damit es vorwurfsvoll tönt.

TANIA PAYNE

Wenn die aufgetischten Speisen dich nicht überzeugen, kannst du dich ohne weiteres angeekelt abwenden ...

... und erwarten, dass dir bald etwas Leckeres serviert wird.

Silk (die 17 Jahre alt ist) isst ausschließlich jene winzigen, teuren Büchsen der Marken «Gourmet» und «Sheba Lachs» – mittlerweile das Einzige, was sie ihren Zähnen noch zumuten kann. «Gourmet» gibt es zum Frühstück, «Sheba» zum Abendessen. Wenn ich die falsche Reihenfolge erwische, zieht sie von dannen. Doch in ihrem Alter hat sie wohl das Recht, sich ein bisschen exzentrisch und sehr verwöhnt zu benehmen.

ALISON WHITING

Wenn du weißt, dass sich etwas Besseres im Küchen- oder im Kühlschrank befindet, ist es ratsam, die vorgesehene Mahlzeit abzulehnen und auf das von dir Gewünschte zu warten.

Es gibt auch Zeiten, da ist dir vielleicht nicht nach der Marke oder Geschmacksrichtung zumute, die man dir vorsetzt. In diesem Falle solltest du dein Essen geradewegs in die Küche zurückschicken, und zwar so oft, bis du die Mahlzeit erhältst, mit der du zufrieden bist.

Der Züchter hatte mir gesagt, dass er Raffles an eine billige Büchsenmarke gewöhnt hätte, «damit er nicht allzu verwöhnt wird». Welch gute Idee, dachte ich, naiv wie ich war, dann werde ich damit fortfahren. Doch Raffles fand es schon sehr bald notwendig, mir zu zeigen, wo's langgeht. Das kostete mich ein kleines Vermögen an Büchsen; bei den billigsten fing es an, steigerte sich stetig, bis wir schlussendlich bei Whiskas landeten – aber auch hier nur bei bestimmten Sorten. Diese sind noch immer plötzlichen Änderungen in Raffles persönlichem Geschmack unterworfen. Auch werden beinahe zu jeder Mahlzeit oder Zwischenmahlzeit, die im Hause eingenommen wird, Leckerbissen erwartet.

TANIA PYNE

ANDERER LEUTE MAHLZEITEN

Wenn sich dein Herrchen oder Frauchen zu Tisch setzt, denk dran:

Diesen Zeitpunkt darfst du nicht verpassen!

Isst dein Frauchen etwas, das du besonders gerne magst, kannst du sie diskret darum bitten, dir etwas davon abzugeben.

Wenn dein Herrchen nicht merken will, dass du gerne etwas von seinem Essen kosten würdest, musst du dich vielleicht einfach selber bedienen (vorausgesetzt natürlich, es bietet sich eine Gelegenheit dazu).

Bomb «der Schreckliche» liebt es, aus meinem Glas zu trinken, indem er seine Pfote darin tunkt und sie dann sauber leckt. Meistens wiederholt er dies so lange, bis das Glas leer ist.

RAYMOND TASH

Doch egal wie verlockend das Essen am Tisch deines Menschen auch sein mag, du darfst unter keinen – gar keinen – Umständen betteln.

NUR HUNDE BETTELN.

Umgangsformen im sportlichen Bereich

Es ist eine Binsenwahrheit, dass man einer
Katze nicht befehlen kann zu spielen.
Man kann ihr nur schmeichelnd zureden
und sie dazu verführen.

Sidney Denham

SPIELE MIT ANDEREN

Du bist nicht dazu verpflichtet, bei einem Spiel mitzumachen, das dein Besitzer mit dir spielen will, es sei denn, du hast Lust dazu.

Du brauchst auch bei keinem Spiel mitzumachen, das irgendein anderer Mensch mit dir spielen will, es sei denn, du hast Lust dazu.

Eine Katze ist wahrlich ein starkes Stück! Wie
elegant sie doch in ihren Bewegungen ist, wie
anspruchsvoll in ihrer Lebensweise und wie
gönnerhaft sie doch mit den Menschen umgeht,
mit denen sie sich abgibt. Törichte menschliche
Zweibeiner meinen, Katzen zu besitzen; sie

spielen kindische Katz-und-Maus-Spiele mit ihren ungeselligen Untermietern, ohne zu merken, dass die Katzen ihnen einen Gefallen tun, indem sie vorgeben, mitzuspielen.

THE TIMES, 5. März 1994

Wenn du aber Lust auf ein Spiel hast, sollte dein Herrchen dies sofort merken und mitspielen. Bist du einmal in ein Spiel vertieft, kannst du von deinem menschlichen Unterhalter ruhig erwarten, dass er so lange mit dir spielt, bis du aufhören willst. Du hingegen kannst ein Spiel jederzeit abbrechen.

DIE GOLDENE SPIELREGEL

Du behältst dir das exklusive Recht vor, für jedes Spiel, bei dem du mitmachst, die Regeln selbst festzulegen und diese nach Belieben abzuändern, und zwar jederzeit, aus welchem Grund auch immer und natürlich ohne jede Vorwarnung.

Alle Katzenspiele haben ihre Regeln und Rituale, doch ändern sich diese je nach Mitspieler. Selbstverständlich setzt sich die Katze nie über eine Regel hinweg. Wenn sie die zuletzt gültige nicht mehr befolgt, heißt das nichts anderes, als dass sie eine neue Regel aufgestellt hat. Es ist nun an den Menschen, sich schnell danach zu richten, wenn ihnen daran liegt, dass das Spiel weitergeht.

SIDNEY DENHAM

DEINE EIGENEN SPIELE

Du verfolgst einen imaginären Feind

Dieses einfache und erheiternde Spiel besteht darin, in rasendem Tempo kreuz und quer durchs Haus zu stürmen und dies ohne ersichtlichen Grund. Dein «Feind» kann jede Größe, Gestalt und Form annehmen, die deine Phantasie heraufzubeschwören vermag. Manchmal jagst du den Feind und manchmal er dich. Dieses Spiel ist vor allem spät nachts lustig, wenn die übrigen Hausbewohner schlafen wollen.

Du verfolgst echte Feinde: die Jagd

Es gibt kaum etwas in deinem Leben als Katze, das dir größere Zufriedenheit verschafft als eine erfolgreiche Jagd. Hoffentlich hast du die Möglichkeit, ab und zu ins Freie zu gehen, um nach einem potentiellen Opfer Ausschau zu halten, wenn dich das Jagdfieber packt. Jagen ist ein aufregendes Spiel, das sowohl deine angeborenen Verfolgungs- und Überlebensstrategien als auch deine selbst entwickelten Taktiken herausfordert.

Solltest du zufällig einer anderen Katze begegnen, die sich auch auf der Jagd befindet, ist es äußerst unhöflich, ihren Angriff zu unterbrechen oder gar zu vereiteln. Am besten, du schaust dich selber nach einer Beute um; glücklicherweise ist die Auswahl ja ziemlich groß. Was immer du fängst, dein Opfer sollte nicht sofort getötet, sondern noch ein bisschen gequält und herumgeschleudert werden. Danach schleifst du es – am besten halbtot – nach Hause, oder du lässt es einfach irgendwo liegen, sobald dir der Sinn nach etwas anderem steht.

Katzen bestehen nicht nur aus hübschen Antlitzen und Pelz. Mit ihren Krallen und Zähnen sind sie die effizientesten Tötungsmaschinen, die bisher von der sich über Jahrtausende erstreckenden Evolution hervorgebracht wurden. Sie sind, abgesehen von den Menschen, die einzigen Lebewesen, die dazu fähig sind, aus Freude zu töten und einen Sinn für Humor zu entfalten.

The Times, 5. März 1994

Versteckspiel

Wie der Name schon sagt, geht es bei diesem Spiel darum, neue Orte zu finden, wo du dich vor deinem Herrchen verstecken kannst, und ihn dann zu ignorieren, wenn er nach dir sucht. Dies kann draußen oder drinnen gespielt werden und ist das eigentliche Lieblingsspiel unter Katzen, da die Menschen kaum je gewinnen.

Den Teppich verunstalten

Dieses Spiel mit dem positiven Nebeneffekt fein säuberlich gestutzter Krallen besteht darin, mit beiden Vorderpfoten so lange am Teppich zu reißen, bis sich daraus winzige Fäden lösen. Katzen auf fortgeschrittener Stufe bringen sogar kleine Löcher zustande. Es ist jedoch wichtig, dafür einen gut sichtbaren und auffallenden Bereich des Teppichs zu wählen, damit deine Bemühungen auch von allen anderen Familienmitgliedern gebührend geschätzt werden können.

Eine Variante dieses Spiels heißt *Die Vorhänge verunstalten;* sie ist manchmal mit Klettern und entsprechend größerem sportlichen Einsatz verbunden. Eine andere Variante heißt *Die Polster verunstalten;* diese eignet sich hervorragend zur Lockerung der Rückenmuskulatur.

Das «Ich-bin-am-Verhungern»-Spiel

Bei diesem Spiel gibst du vor, gleich sterben zu müssen, wenn du nicht sofort etwas zu essen kriegst. Wenn man dich dann füttern will, stolzierst du davon.

Das «Ich-muss-unbedingt-raus»-Spiel

Tu so, als ob etwas Dringendes dich nach draußen zwingen würde, und besinn dich anders, sobald dein Frauchen die Tür öffnet.

Eine Katze ist immer auf der
falschen Seite der Tür.

ALLEN UND IVY DODD

Das «Spring-in-die-Kiste»-Spiel

Wenn eine leere Schachtel oder Kiste herumsteht, egal von welcher Größe, dann spring sofort hinein und betrachte sie als dein Eigentum. Sie mag dir als Festung, als Katzenhaus oder als Bett dienen. Sobald die Besitzansprüche jedoch klar sind, verliert dieses Spiel schnell seinen Reiz – bis eine andere Schachtel deinen Eroberungsgeist von neuem weckt.

Dein Äusseres

Katzen sind die größten Narzissten. Ein sicheres Zeichen dafür ist der große Zeitaufwand, den sie für die Pflege ihres Äußeren betreiben.

James Gorman

KÖRPERPFLEGE

Kein anderes Tier ist so eitel in Sachen Körperpflege wie die Katze. Einer der Hauptgründe für die Beliebtheit der Katzen ist die Tatsache, dass sie ihrer Toilette größte Beachtung schenken und ihr Zuhause schön sauber halten.

DR. PETER NEVILLE, KATZENPSYCHOLOGE

Schlag ruhig Krach, wenn dein Kistchen gesäubert werden muss.

Aber trag auch deinen Teil dazu bei, dass sich der Geruch in Grenzen hält. Deck einfach alles zu, was du dort hinterlässt.

Den Inhalt des Kistchens hinauszubefördern und im ganzen Haus zu verstreuen ist allgemein verpönt.

Gipsy kann es nicht leiden, wenn ihre Pfoten schmutzig werden. Deshalb verrichtet sie ihr Geschäft jeweils auf der Terrasse. Hinterher versucht sie während fünf Minuten, das Ergebnis zuzudecken, indem sie den Steinboden scheuert.

SIAN BROWN

Vielleicht ziehst du einen anderen Ort als das Kistchen für deine natürlichen Bedürfnisse vor oder hast sogar das Glück und kannst diese draußen erledigen. Nun, solange dadurch das Mobiliar deines Besitzers nicht ruiniert wird und du ihm nicht übermäßig viel Mehrarbeit beim Reinemachen bescherst, ist auch dagegen absolut nichts einzuwenden.

Twiglet ist von der Idee eines eigenen stillen
Örtchens im Obergeschoss angetan. Er hat
beobachtet, wie Wasser durch das Abflussrohr im
Bad abfließt. Kürzlich hat er dann beschlossen,
diesem Wasser sein eigenes hinzuzufügen, indem
er sich auf das Abflussrohr setzte und sein
Geschäft verrichtete. Ich glaube, wenn meine
eigene Toilette kleiner wäre, könnte ich ihn
ohne weiteres dazu bringen, sie zu benutzen.

ROSEMARY SUQQATE

Mundgeruch kann mit ein wenig Petersilie oder einem Häppchen deiner bevorzugten Zimmerpflanze bekämpft werden.

Nach einer Mahlzeit, bei der du viel gekleckert hast, oder nach einem Streifzug durch den Garten ist es ratsam, dich sofort zu waschen. Je länger du damit wartest, desto schwieriger könnte es werden, den Dreck zu entfernen. Dazu kommt, dass du in diesem nicht eben vorteilhaften Zustand gesehen werden könntest. Vor allem aber fühlst du dich hinterher einfach viel besser.

... es gibt keinen Zentimeter am Körper einer
Katze, den sie nicht erreichen kann,
um ihn zu säubern.

PAUL GALLICO

HEGEN UND PFLEGEN

Achte darauf, dass du dich mindestens einmal am Tag wäschst – oder auch öfter, wenn du willst.

Es ist vollkommen in Ordnung, wenn du dich in aller Öffentlichkeit einer gründlichen Reinigung unterziehst.

Ich habe eine Katze noch nie
in Verlegenheit gesehen.

M. POINCARÉ

Haare kannst du überall im Haus liegen lassen, denn es ist immer jemand da, der sie aufwischt.

Damit dein Fell schön sauber und glänzend bleibt, solltest du regelmäßig gebürstet werden, und zwar einmal täglich, wenn du lange Haare hast, und mindestens einmal wöchentlich, wenn du kurze Haare hast.

Deine Krallen hältst du am besten in Form, indem du sie regelmäßig an allen textilen Einrichtungsgegenständen im Haus (Teppiche, Vorhänge usw.) oder an deinem Kletterbaum wetzt. Benutze dafür beide Vorderpfoten. Die Möbel deines Frauchens eignen sich vorzüglich zum Polieren deiner Krallen und der Kletterbaum zum Feilen.

KLEIDERFRAGEN

Als Katze bist du für jede Gelegenheit bereits bestens angezogen. Nur über zwei Dinge solltest du dir vielleicht Gedanken machen.

Glöckchen und Halsbänder

Versuch um jeden Preis, Glöckchen zu umgehen. Wenn du aber gezwungen wirst, eines zu tragen, ist vielleicht folgender Trick hilfreich:

Wir kauften Daisy Halsbänder mit Glöckchen dran, aber diese waren kein Erfolg. Einfallsreich wie immer drehte unsere Katze das Glöckchen nach hinten in den Nacken, wo der dichte Pelz es verstummen ließ. Auf diese Weise konnte der Knochen- und Federnhaufen hinter dem Abfalleimer ungehindert weiterwachsen. Daisy hat auch schon das ganze Halsband verloren, einmal bereits nach zwei Tagen.

SALLY BRAY

Halsbänder können attraktiv sein, doch die meisten Katzen tragen sie nicht eben mit Hochgenuss. Wenn du ein Halsband tragen musst, kannst du nur hoffen, dass du eines bekommst, das die Farbgebung deines Fells und deine Schönheit abrundet sowie deine Persönlichkeit hervorhebt.

Die Exoti-Katze

Die Edel-Katze

Der Raufbold

Die Klassi-Katze

Die Bauern-Katze

DEINE FIGUR

Die meisten Katzen halten ein wachsames Auge auf ihre Figur. Sie ist wichtiger Teil deiner allgemeinen Erscheinung und beeinflusst sowohl dein physisches als auch dein psychisches Gleichgewicht. Wenn dir ein oder zwei Pfund weniger nicht schaden könnten, denk an den hilfreichen Tipp eines amerikanischen Designers:

... übergewichtige Katzen kennen instinktiv folgende Grundregel: Wenn du dick bist, so nimm ganz einfach solche Posen ein, bei denen du dünn wirkst.

DEINE STIMME

Die Art, wie du sprichst, widerspiegelt deine Persönlichkeit, dein Aussehen und deine Stimmung. Im Allgemeinen gilt es als höchst attraktiv, wenn Katzen weiche, honigsüße Stimmen haben, die nicht allzu rau sind.

Doch egal wie sie tönt, du sollst deine Stimme sparsam einsetzen, damit sie die größtmögliche Wirkung hat, wenn du sie einmal benutzt.

HALTUNG UND AUFTRETEN

Auch wenn dies für die meisten Katzen ganz selbstverständlich ist: Sicheres Auftreten und eine perfekte Haltung sind äußerst wichtig in deinem Bemühen, das richtige Maß an Anmut, Eleganz, Erhabenheit und Liebreiz auszustrahlen, oder, anders ausgedrückt, so zu wirken, wie es sich für eine Katze gehört.

Denke beim Gehen an folgende Punkte:

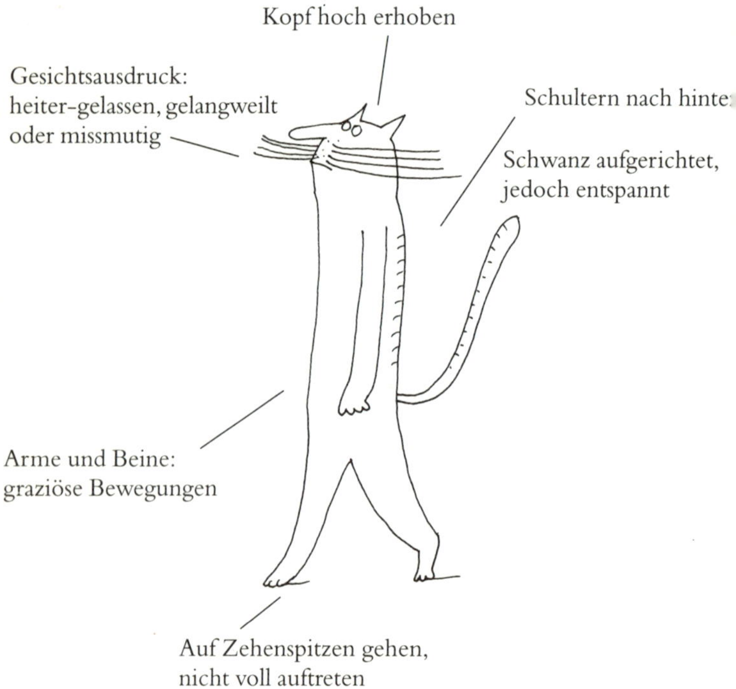

Weitere Tipps, die dir zu einem sicheren Auftreten verhelfen:

Eile nie irgendwohin, außer es ist unbedingt nötig.

Deine Eile könnte man als Angst und Panik auslegen. Von dieser Aktivität ist also dringend abzuraten (ausgenommen beim Spielen).

Wirf dich täglich in elegante Posen.

Das Posieren und Modellstehen darf aber nicht überbewertet werden. Es trägt einzig zu deiner faszinierenden Ausstrahlung bei, und diese ist ein wesentlicher Bestandteil des Katzenlebens.

Halte beim Posieren deine Pfötchen schön nebeneinander, roll den Schwanz ein und mach einen geraden Rücken. Für ein wirkungsvolles Aussehen, das Selbstvertrauen und Erhabenheit ausdrückt, ist es wichtig, möglichst lange in dieser Position zu verharren. Behalte deine Posen so lange bei, wie du willst, und versuche sie jeweils dann einzunehmen, wenn dich jemand sehen kann.

Poppy ist eine äußerst anmutige schildpatt- und weißfarbene kleine Dame. Sie sitzt jeweils ganz adrett da, mit ihren eingezogenen Krallen und ihrem eng um den Körper geschlungenen Schwanz. Beim Gehen oder Laufen nimmt sie winzige kleine Schrittchen, wie wenn sie auf hohen Pfennig-Absätzen balancieren würde. Ihre weißen Beißerchen sind stets makellos sauber und kein Schnurrbarthaar befindet sich je am falschen Platz.

MARIAN CARTER

Schwierige Besitzer

Niemand, der nicht gewillt ist, Katzen zu verwöhnen, wird von ihnen belohnt. Das werden nur jene Menschen, die sie verwöhnen.

Sir Compton Mackenzie

DER GEFÜHLLOSE BESITZER

Hier ein paar untrügliche Zeichen für einen gefühllosen Besitzer. Diese Liste ist jedoch keinesfalls vollständig, denn du hast vielleicht andere Klagen, die hinzugefügt werden können.

Er:
- sitzt in deinem Lieblingssessel
- ignoriert deine Bitte um Essensnachschub
- merkt nicht, wenn du nach draußen willst
- will sein Bett nicht mit dir teilen
- weigert sich, den Inhalt des Katzenkistchens genügend oft zu wechseln
- bietet dir nie eine Zwischenverpflegung an
- will keine einzige Mahlzeit mit dir teilen

- schaltet den Fernseher/die Stereoanlage/alle Lichter an, wenn du schläfst
- ist nie zärtlich
- will nie mit dir spielen
- reinigt deinen Futternapf nie richtig, bevor er ihn wieder füllt
- mag Hunde eigentlich lieber

Wenn der eine oder andere Punkt dir bekannt vorkommt, merk dir diese Gegenmaßnahmen:

- Schlag richtig Krach, wenn du dich aufregst, um so einen durchschlagenden Erfolg zu erzielen
- such dir einen anderen Türöffner

DER LÄSTIGE BESITZER

Es gibt Menschen, die einfach nicht einsehen wollen, dass ihre Katzen unabhängige Wesen sind und von Zeit zu Zeit ihren eigenen Raum beanspruchen. Auch wenn sie es im Allgemeinen gut meinen, sind lästige Frauchen und Herrchen übermäßig herzlich und fürsorglich, und zwar bis zu dem Punkt, wo sie aufdringlich und mühsam werden. Sie können es oft nicht lassen, ihren Kater hochzuheben oder zu streicheln, und halten kaum einmal inne, um sich zu überlegen, ob er wohl gestreichelt werden möchte oder nicht. Wenn der Kater dann reklamiert, missverstehen sie dies als Zeichen, dass er mehr Beachtung wünscht. Es muss zwar auch gesagt werden, dass es Katzen gibt, die diese Art von Aufmerksamkeit mögen. Wenn du aber zu denjenigen gehörst, die ihren Menschen als ein bisschen zu aufdringlich empfinden, mögen die unten aufgeführten Vorschläge dir helfen, damit fertig zu werden:

- Halte immer wieder Ausschau nach neuen Verstecken, die dein Herrchen nicht findet
- fauche, knurre oder miaue mit Nachdruck, wenn man dich reizt
- schlaf an jenen Plätzchen, an die dein Frauchen nur schwer herankommt
- freunde dich mit einem Nachbarn an
- verbring so viel Zeit wie möglich außer Haus

DER BESITZER, DER DURCH ABWESENHEIT GLÄNZT

Es gibt Menschen, die einen bestimmten Lebensstil pflegen oder Verpflichtungen haben, die von ihnen verlangen, dass sie jeweils während längerer Zeit von zu Hause weg sind. Das kann die Beziehung zwischen euch beträchtlich erschweren und verlangt von deiner Seite her ein gewisses Maß an Geduld und Verständnis. Du kannst nur hoffen, dass es weitere Familienmitglieder gibt, die regelmäßiger zu Hause sind, um dir Gesellschaft zu leisten, und sich um dich kümmern, wie es sich gehört.

Gesetzt den Fall, du hast einen häufig abwesenden Besitzer, gibt es nicht viel, was du dagegen tun kannst. Es bleibt dir nur zu wünschen, dass sich die Situation sehr bald ändern wird. Wenn dein Herrchen so kaltblütig ist und dich öfter mal während längerer Zeit mutterseelenalleine lässt und vielleicht ein Freund oder ein anderes Familienmitglied nur schnell vorbeikommt, um dich zu füttern, dann können leicht ernstere Probleme auftreten. Alles, was du in einem solchen Falle tun kannst, ist:

hoffen, dass das Schicksal sich zum Besseren wendet, oder dich anderweitig nach einem Heim umsehen.

DER UNORDENTLICHE BESITZER

Menschen sind nicht immer so ordnungsliebend und reinlich wie Katzen.

- Schau dich deshalb im Haus nach Plätzchen um, die nur dir gehören und die für dein Frauchen unerreichbar sind. Halte diese so sauber, wie du es für richtig hältst
- wenn dich ein ständig verschmutztes Katzenkistchen stört, dann fauche, knurre oder miaue mit Nachdruck oder weigere dich überhaupt, es weiterhin zu benutzen, damit die Botschaft auch ankommt
- verbring so viel Zeit wie möglich im Freien
- freunde dich mit einem reinlicheren Nachbarn an, bei dem du dich an besonders schlechten Tagen zurückziehen kannst
- wenn alle Mittel versagen, lauf weg

Unvermeidbare Missgeschicke

Katzen machen selten Fehler und sie machen
niemals zweimal denselben Fehler.

CARL VAN VECHTEN

UNGLÜCKSFÄLLE

Es ist fast unvermeidlich, dass du einmal etwas tust, was du gar nicht tun wolltest. Vielleicht wirfst du etwas um, zerbrichst einen der kostbarsten Gegenstände deines Frauchens oder einen, an dem sie am meisten hängt. Oder du gerätst jemandem zwischen die Beine und verursachst dadurch ein Unglück.

In solch einem Fall wirst du nicht nur mit dem Stress konfrontiert, den eine derartige Situation auslöst, sondern du musst auch versuchen zu verhindern, dass dein Ansehen allzu großen Schaden nimmt. Es ist deshalb wichtig:

dass du sofort deine Fassung zurückgewinnst und so tust, als wäre nichts gewesen.

HAARKNÄUEL

Haarknäuel sind ein unliebsames, aber leider unvermeidliches Kapitel im Leben vieler Katzen, vor allem von denjenigen mit langen Haaren. Doch gerade diese Knäuel können dir eventuell von Nutzen sein. Versuch das nächste Mal, wenn du einen spürst, ihn in Gegenwart deines Herrchens herauszuwürgen. Dies könnte ihm eine mitfühlende Reaktion entlocken, und vielleicht kommst du dadurch sogar in den Genuss einer Vorzugsbehandlung.

AUF FRISCHER TAT ERTAPPT

Wenn du etwas tust, von dem du weißt, dass du es eigentlich nicht tun solltest und bei dem dein Besitzer dich in flagranti erwischt, gibt es nur zwei Möglichkeiten. Du kannst entweder:

deiner Strafe harren oder
weglaufen und dich verstecken, bis sich dein Herrchen wieder beruhigt hat.

Von diesen zwei Möglichkeiten wählen die meisten Katzen die zweite. Die Entscheidung hängt wiederum ab von deiner Persönlichkeit und vom Charakter deines Herrchens – ob er gutmütig ist oder autoritär.

Guter Rat:

Was immer für unvermeidbare Missgeschicke geschehen, vergiss nicht, dass sie eben genau das sind: unvermeidbar. Also denk dran:

Nimm die Schuld nie auf dich.

Unvorhergesehene Krisen

Der Tierarzt

Da der Gang zum Tierarzt ein derart traumatisches Erlebnis ist, werden die Menschen dort praktisch jedes Verhalten von dir akzeptieren. Die folgenden Reaktionen sind vollkommen angemessen und du läufst damit keinerlei Gefahr, ernsthaft getadelt zu werden. Du kannst also:

- jammern
- kreischen
- knurren
- miauen
- fauchen
- heulen
- kratzen
- dich weigern, aus dem Katzenkörbchen zu kommen
- nach jedem schlagen, der das Katzenkörbchen öffnet
- dich festkrallen
- beißen

- den Tierarzt angreifen
- die Arzthelfer angreifen

DAS KATZENKÖRBCHEN

Das gleiche Verhalten – allerdings in abgeschwächter Form – ist bei jeder Reise im Katzenkörbchen angesagt.

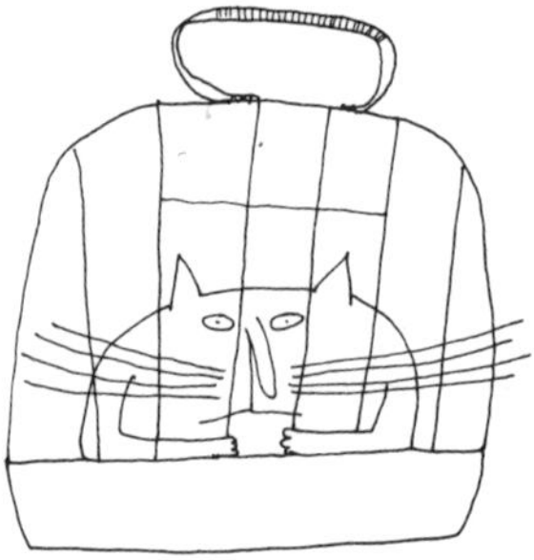

EIN JUNGES KÄTZCHEN KOMMT INS HAUS

Dies ist ein weiteres Ereignis, wogegen du dich nicht wehren kannst und vor dem du auch kaum im Voraus gewarnt wirst. Die folgenden Tipps könnten dir die Umgewöhnung auf diesen unerwarteten und unerfreulichen Familienzuwachs erleichtern:

- «Erziehe» das Kätzchen sofort zur Unterwürfigkeit
- sorg dafür, dass es weiß, dass du hier der Chef bist
- beharre auf demselben – wenn nicht größeren – Maß an Aufmerksamkeit seitens deines Frauchens
- schmoll weiter und gib vor, verärgert zu sein, auch wenn du dich bereits umgewöhnt hast, damit du speziell beachtet und behandelt wirst

Vor kurzem kaufte ich Zack (ein junges Kätzchen). Mein älterer Kater Boots hatte noch nie Erfahrung mit einer kleinen Katze an seiner Seite gemacht. Boots, der normalerweise lieb und freundlich ist, ignorierte mich und schmollte während etwa einer Woche, nachdem ich Zack nach Hause gebracht hatte. Vor ein paar Tagen musste ich Zack wegen einer Ungezogenheit zurechtweisen, und Boots biss mich – nicht fest – in den Fuß. Ich trat auch einmal aus Versehen auf Zack, und als Boots Zack schreien hörte, kam er sofort angerannt, um zu sehen, was passiert war. Wir haben Zack jetzt drei Wochen, und die beiden sind unzertrennlich.

Laura Hesse

EIN HUND KOMMT INS HAUS

Wenn sich dein Herrchen einen Hund anschafft, gelten dieselben Regeln wie bei einem jungen Kätzchen. Wichtig ist, dass du deine Stellung behauptest, nicht sofort auf etwas verzichtest, genug Zeit verstreichen lässt, in der du von Freundlichkeiten absiehst, um sicherzustellen, dass du König oder Königin in diesem Haushalt bleibst (egal wie groß der Hund ist).

KINDER, DIE GERNE KATZEN PLAGEN

Wenn eine Freundin oder Verwandte deines Frauchens so unsensibel ist, ihr ungezogenes Kind mitzubringen, oder wenn du durch Zufall einem kleinen Plagegeist über den Weg läufst, ist es immer am besten,

zu flüchten oder diesem Kind um jeden Preis aus dem Weg zu gehen.

UMZUG IN EIN NEUES HEIM

Sogar für die unerschrockensten und abenteuerlustigsten Kater unter euch kann ein Umzug eine schockierende und traumatische Erfahrung sein. Wenn dich die neue, unbekannte Umgebung durcheinander bringt, verunsichert und ein bisschen ängstigt, sehnst du dich vielleicht sehr nach deinem alten Zuhause. Wenn die Distanz zu Fuß zurückgelegt werden kann, kannst du vielleicht sogar versuchen, von deinem neuen Wohnsitz abzuhauen.

Wenn du sehr unglücklich bist in deiner neuen Unterkunft, wirst du wahrscheinlich noch mehr Aufmerksamkeit von deinen Besitzern benötigen; vielleicht macht dir das Essen, die Verdauung oder gar das Schlafen Mühe; vielleicht hast du auch das Bedürfnis, dich stundenlang in einer Ecke des Hauses zu verkriechen, um so ein wenig die Augen vor der Realität zu verschließen. Versuch in solch einer Situation daran zu denken, dass ein Umzug kein Weltuntergang ist, und befolge wenn möglich diese Ratschläge:

- Such dir eine kleine Ecke im neuen Heim, die nur dir allein gehört
- mach dich mit möglichst viel Raum im Haus vertraut, und du wirst sehen, wie deine Selbstsicherheit auf diese Weise wächst
- überfriss dich nicht, und ändere auch deine normalen Essgewohnheiten nicht
- fordere von deinem Herrchen so viel zusätzliche Aufmerksamkeit und Bestätigung, wie du brauchst

... nach erfolgtem Umzug können folgende Tricks ihrer Katze helfen, neue Bande zu knüpfen: Geben Sie ihr häufig kleine Mahlzeiten, schenken Sie ihr viel Liebe und Beachtung, und vermitteln Sie ihr das Gefühl von Sicherheit. Das neue Heim soll mit der Zeit zum Mittelpunkt des neuen Reviers und zur Quelle von Nahrung und Geborgenheit werden.

DR. PETER NEVILLE

BADEN

Baden kann einen in Angst und Schrecken versetzen. Es verkörpert einige der Dinge, die du vermutlich am meisten hasst, nämlich: eine Situation nicht unter Kontrolle zu haben; zu etwas gezwungen zu sein, was nicht deinen Wünschen entspricht; klatschnass und mit einer widerwärtigen Flüssigkeit abgeschrubbt zu werden, die nicht im Entferntesten nach einem französischen Parfum riecht. Darüber hinaus ist Baden für alle Beteiligten fast immer eine vollkommen überflüssige Übung, da du dich ja mindestens einmal am Tag selbst einer gründlichen Reinigung unterziehst.

Trotzdem bestehen viele Menschen darauf, und wenn es dich dann plötzlich trifft, kannst du praktisch nichts tun, um das Unternehmen zu stoppen.

Auch wenn die ganzen Badeprozeduren in der Regel weniger lang dauern, wenn du sie über dich ergehen lässt und die Ruhe bewahrst, sind die folgenden Reaktionen angebracht, und wer weiß, vielleicht tragen sie sogar dazu bei, dass dich dein Herrchen nicht allzu oft damit belästigt. Du kannst also:

- fauchen
- knurren
- heulen
- jammern
- beißen
- um dich schlagen
- treten
- dich festkrallen

- kratzen
- spritzen
- zappeln
- wild herumzappeln und
- verschiedene dieser Aktivitäten kombinieren

Nach so einem Bad ist dir vielleicht danach:

- den Kopf hängen zu lassen
- zu schmollen
- dich energisch trocken zu schütteln (indem du dein Frauchen vollspritzt)
- Wasser überall auf den Teppich und die Polstermöbel tropfen zu lassen und
- dich zu verkriechen

Umgangsformen zu Hause

Die meisten Katzenbesitzer haben tief in ihrem Inneren eine leise Ahnung – ja fast schon Gewissheit –, dass ihre vierbeinige Freundin, die Katze, sie beherrscht und ihre Marotten und Wünsche weitgehend dem ganzen Haushalt aufzwingt.

Paul Gallico

WIE DU DEIN HERRCHEN BEGRÜSST

Die faule Art

Die lebhafte Art

- Streich um seine Beine
- stürz dich auf seine Füße
- platzier dich immer genau dorthin, wo du seinen nächsten Schritt vermutest

WIE DU DEINEM FRAUCHEN ANTWORTEST

So antwortest du, wenn dein Name gerufen wird.

So sieht deine Antwort auf einen Befehl aus.

Wenn Sie eine Katze rufen, dann ist sie sofort zur Stelle – vorausgesetzt, sie hat nichts Besseres zu tun.

BILL ADLER

So reagierst du, wenn dein Frauchen dir ein Spiel vorschlägt.

Und so, wenn du zum Essen gerufen wirst.

DIE GUNST DES AUGENBLICKS

Es gibt Augenblicke, die geeigneter sind als andere, deinen Menschen um Aufmerksamkeit oder um eine Gefälligkeit zu bitten. Vorzugsweise sind das jene, in denen er nicht gestört werden will. Folgende Aktivitäten deines Besitzers eignen sich hierfür besonders gut.

- wenn er liest
- ein Nickerchen macht
- schläft
- sich unterhält
- arbeitet
- am Telefon ist oder
- Gymnastikübungen macht

ZIMMERPFLANZEN

Vermutlich werden Zimmerpflanzen nicht im Besonderen für dich gekauft. Dabei bilden kleine Bissen davon doch eine vorzügliche Zwischenmahlzeit, und zudem sind sie eine wunderbare Quelle zusätzlicher Vitamine und Nährstoffe. Besonders nützlich sind sie für Katzen, die nicht nach draußen gehen dürfen. Eigentlich solltest du instinktiv wissen, welche Pflanzen genießbar sind und welche du besser meiden solltest. Pass auf, dass dich dein Herrchen nicht zu häufig beim Abknabbern seiner Zimmerpflanzen erwischt.

Die meisten Katzen fressen mehr Pflanzenmaterial als wir annehmen, wahrscheinlich, weil sie darin eine schnell verdaubare Mahlzeit von Vitaminen, Mineralien und Ballaststoffen sehen. Manche Katzen geben das Gras mitsamt eines Teils ihres Essens wieder von sich. Dies ist, so wird vermutet, eine natürliche Methode, um die Haarknäuel wieder herauszubefördern. Hauskatzen sollte man deshalb ein Kistchen mit Katzengras zum Knabbern zur Verfügung stellen, um sie so vom Verzehr der Zimmerpflanzen abzuhalten.

DR. PETER NEVILLE

Eine gut funktionierende Kommunikation zwischen dir und deinem Türöffner ist wesentlich für ein schönes Verhältnis zu Hause und für die Zufriedenheit aller Beteiligten. Wenn dir etwas an diesen Dingen liegt, musst du deinem Herrchen deine Gefühle präzise übermitteln können. In vielen Fällen brauchst du keinen einzigen Ton von dir zu geben, sondern nur deine Augen und deine Mimik einzusetzen, damit du dein Ziel erreichst. Zum Beispiel:

«He, du sitzt in meinem Sessel. Geh bitte sofort weg.»

«Ja, ich sitze in deinem Sessel. Na und?»

«Siehst du denn nicht, dass ich versuche zu schlafen?»

«Du weißt genau, dass ich diese Marke nicht ausstehen kann. Gib mir bitte etwas, das nicht so scheußlich schmeckt/aussieht/riecht.»

Schlafgepflogenheiten

Es gibt Menschen, die die Welt mittels Gewalt oder verbaler Auseinandersetzung verändern. Katzen hingegen liegen einfach nur da und dösen vor sich hin, derweil sich die Welt um sie herum still und leise selbst verändert, und zwar zum Wohle der Katzen.

Allan und Ivy Dodd

Die besten Schlafplätzchen

Tagsüber:

- In der Sonne
- im Schatten
- mitten auf dem Fußboden im hektischsten Zimmer der Wohnung
- im Lieblingssessel deines Frauchens
- in deinem Lieblingssessel (falls nicht identisch mit oben genanntem)
- in der Nähe eines Fensters
- im Garten
- auf der Veranda

- auf dem Dach
- im Pulloverschrank
- in einer Schublade
- auf einem Tisch
- auf dem Sofa
- auf einem Kissen
- auf einer Wolldecke
- unter einem großen Möbelstück
- auf einem großen Möbelstück
- auf dem Schoß von jemandem
- in einer Schachtel
- überall dort, wo es schön warm ist

Nachts:

- Auf dem Bett deines Herrchens oder darin (weit ausgestreckt)
- Irgendwo auf deinem Frauchen

Guter Rat:
Wenn du dich auf einem Sofa oder Bett räkelst oder ein Schläfchen hältst, brauchst du dich mitnichten auf einen Platz zu beschränken, wenn du dich ebenso gut ausbreiten könntest.

Baldrick genießt es, das Bett mit mir zu teilen. Wenn das Bett doppelt so groß wäre, wie es nun einmal ist (ein Doppelbett), hätte ich keine Probleme damit. So aber scheint er es auszufüllen, und ich erwache jeweils kurz bevor ich rausfalle.

MADDY WILKS

DIE BESTEN SCHLAFENSZEITEN

Du kannst zu jeder Tages- und Nachtzeit schlafen (und zwar so lange es dir beliebt).

Eine schlafende Katze ist ein Bild vollkommener Glückseligkeit.

CHAMPFLEURY

STÖRUNGEN

Leider verstehen die meisten Menschen und auch andere Tiere nicht, wie wichtig der Schlaf für Katzen ist. Vermutlich, weil Katzen so viel Schlaf brauchen (durchschnittlich 18 Stunden) und weil sie vor allem am Tag schlafen, empfinden dies Menschen als übertrieben, unnötig oder gar typisch für die Trägheit ihrer Katze. Ob diese Schlussfolgerungen nun stimmen oder nicht, darüber brauchst du dir nicht den Kopf zu zerbrechen. Das wäre bloße Zeitverschwendung. Ein viel vordringlicheres Problem ist diese ständige Flut von Störungen, unter denen wir fast alle täglich leiden, wenn wir uns die paar «heiligen» Stunden Schönheitsschlaf gönnen wollen – die Türglocke, der Staubsauger, das schreiende Kind, der Hund, das Telefon ... die Liste ist unendlich lang.

Du musst jedoch dein Schlafpensum nicht wegen unnötigen Unterbrechungen reduzieren, wenn du das ganze Problem einfach umgehst, indem du nur in denjenigen Zimmern oder Bereichen schläfst, von denen du weißt, dass du dort alleine bist. Vielleicht ziehst du es aber vor, nach Möglichkeit draußen dein Nickerchen zu machen, an einem geheimen Ort, der gut versteckt und für andere unzugänglich ist.

Störungen sind natürlich eine ganz andere Sache, wenn es um die Schlafenszeit deines Herrchens geht.

WENN DU DEIN HERRCHEN AUFWECKST

Menschen brauchen nicht annähernd so viel Schlaf wie Katzen, und deshalb kannst du sie bedenkenlos aus dem Schlaf holen. Es gibt buchstäblich hunderte von möglichen Gründen, warum du es als notwendig erachten magst, dein Herrchen zu wecken, obwohl es diese guten Gründe eigentlich nicht einmal braucht. Die häufigsten Vorwände sind:

- du bist hungrig
- du bist durstig
- du langweilst dich
- du willst nach draußen
- du willst, dass man dir die Haustür öffnet, willst aber gar nicht raus
- du willst, dass man dir die Balkontür öffnet, willst aber gar nicht raus
- du willst genau dort schlafen, wo dein Herrchen schläft
- du willst, dass er aufhört zu schnarchen

- du willst spielen
- du willst ein wenig Aufmerksamkeit
- du bist einfach in Stimmung dazu

Genauso wie es etliche Gründe dafür gibt, dein Frauchen aufzuwecken, gibt es auch viele verschiedene Arten, dies zu tun. Folgende Methoden werden empfohlen:

Du kannst:

- laut und unablässig miauen
- zu ihm oder ihr ins Bett schlüpfen und alle zwei Minuten deine Position ändern
- deine Krallen an ihrem Körper wetzen
- nahe bei ihrem Kopf sitzen und laut schnurren
- immer wieder über ihre Brust oder ihren Bauch spazieren.

In unserem Haus ist es absolut unmöglich zu verschlafen, da Bella und Barney uns wecken, bevor der Wecker geht, indem sie an den Rollläden rütteln und danach überall auf uns herumtrampeln.

J. MacMaster

Charmant sein ist alles

Katzenbesitzer lassen sich normalerweise von ihrem Liebling viel mehr gefallen als andere Tierhalter. Sie werden dir gegenüber aber sehr wahrscheinlich noch wohlwollender gestimmt sein, wenn du ihnen ab und zu ein wenig Zuneigung zeigst.

Schmeichle dich bei deinem Menschen ein, wie es dir gerade gefällt: mit einem süßen Miauen und geschlossenen Augen, mit lautem, zufriedenem Schnurren oder indem du dich in seinen Schoß kuschelst. Lass dich von Zeit zu Zeit zu albernen kleinen Spielchen mit ihm herab, wenn er dies wünscht. Wie genau du deinen Charme einsetzen willst, hängt von deiner Persönlichkeit und von deinem eigenen Wohlbefinden ab sowie davon, wie dein Besitzer darauf anspricht.

Sei aber auch nicht übertrieben charmant, sonst gewöhnt sich dein Dosenöffner am Ende noch daran oder, schlimmer noch, er betrachtet es allmählich als selbstverständlich. Und dennoch kann dieses «gute» Benehmen manch anderen

Ausrutscher wieder ausgleichen, der weniger Anklang gefunden hat.

Die Beziehung zwischen Katzen und ihren Menschen ist eigentlich so etwas wie ein Tauschgeschäft. Als Gegenleistung für regelmäßige Nahrungszufuhr, einem Dach über dem Kopf, allgemeiner Pflege und beinahe unbeschränkter Bewegungsfreiheit am Wohnort ihres Besitzers zieren die Katzen das traute Heim mit ihrer Gegenwart und erfreuen ihre Herrchen und Frauchen mit dem richtigen Maß (aber nicht zu viel) an Charme, Zuneigung und Unterhaltung, damit diese glücklich und zufrieden sind.

Die Kunst, deinen Charme spielen zu lassen, ist die allerwichtigste Umgangsformel überhaupt für Katzen. Denn mit der entsprechenden Portion Charme wird es dir gelingen, deine menschlichen Freunde zu bezaubern und dein Leben sorgenfrei und glücklich zu gestalten.

Ich lebe bei zwei Katzen. Ich kann nicht behaupten, dass sie bei mir leben, denn sie sind es, die zu Hause den Ton angeben und um die sich alles dreht. Und wo ist meine Stellung im Ganzen? Na ja, wie die meisten Leute, die Katzen in Untermiete haben, bin ich dazu da, gelegentlich aufzuwischen, wenn ein Unglück passiert ist. Ich übernehme den Transport zum Tierarzt und natürlich die Rechnung, wenn eine Krankheit sie heimsucht. Ich bin eine Fütterungsmaschine, eine Türöffnerin, eine Hauspflegerin und ein bequemes Kissen sowie Zielscheibe für alle Launen und Wutausbrüche. Auch wenn ich eine untergeordnete Stellung im Haushalt einnehme, liebe ich diese Tiere über alles, weil sie so sanft und zärtlich sein können, und ich bin überzeugt, dass mein Leben ohne sie viel leerer und überhaupt langweilig wäre.

SHEILA FOWLER

Dank

Ich möchte Maureen Day von «MIAOW!», dem Mitteilungsblatt der «Mensa Cat Group» danken, die mir freundlicherweise erlaubt hat, verschiedene Auszüge aus ihren Leserbriefen abzudrucken. Ich danke auch meinen eigenen Leserinnen und Lesern, die mir während der letzten paar Jahre ihre vielen wunderschönen und unterhaltsamen Katzengeschichten zugeschickt haben.

Mein Dank geht auch an Julian Burney, der mir hilfreich zur Seite stand, als es galt, dieses Buch mit meinen diversen anderen Projekten unter einen Hut zu bringen; und an Tiffy, meine entzückende kleine weiße Katze, die hervorragende Manieren hat und die mich zu vielem in diesem Buch inspirierte.